ORDRE DES AVOCATS
à la Cour d'Appel de Montpellier

DÉCRET DU 20 JUIN 1920

RÈGLEMENT INTÉRIEUR

MONTPELLIER
IMPRIMERIE EMMANUEL MONTANE
Rue Ferdinand-Fabre et Quai du Verdanson

1927

ORDRE DES AVOCATS
à la Cour d'Appel de Montpellier

DÉCRET DU 20 JUIN 1920

RÈGLEMENT INTÉRIEUR

MONTPELLIER
IMPRIMERIE EMMANUEL MONTANE
Rue Ferdinand-Fabre et Quai du Verdanson

1927

DÉCRET DU 20 JUIN 1920

portant règlement d'administration publique sur l'exercice de la profession d'avocat et la discipline du barreau

~~~~~~~~~~~~~~~~~~~~~~~~~~~~~~~~

TITRE PREMIER

Du Tableau

ARTICLE PREMIER. — Les Avocats qui exercent près de chaque Cour d'Appel ou de chaque Tribunal de première instance, ne siégeant pas au chef-lieu d'une Cour d'Appel, forment un Ordre des Avocats qui est soumis aux règles ci-après.

ART. 2. — Ils sont inscrit sur le tableau institué par l'article 29 de la loi du 22 ventôse an XII, d'après leur rang d'ancienneté, conformément aux dispositions de l'article 16 du présent décret et à celles du règlement intérieur prévu à l'article 46.

ART. 3. — Nul ne peut être inscrit sur le Tableau des Avocats au Barreau d'une Cour ou d'un Tribunal, s'il n'exerce réellement près de cette Cour ou de ce Tribunal, et s'il ne produit le certificat de stage mentionné à l'article 27. Les magistrats honoraires et les anciens magistrats ayant au moins trois ans de fonctions sont dispensés du stage.

ART. 4. — Le Tableau est réimprimé au commencement de chaque année judiciaire et déposé au greffe de la Cour ou du Tribunal.
~~~~~~~~~~~~~~~~~~~~~~~~~~~~~~~~

Art. 5. — Seuls ont droit au titre d'Avocat les licenciés en droit qui sont régulièrement inscrits au Tableau ou au stage du Barreau d'une Cour d'Appel ou d'un Tribunal de première instance. Ils doivent faire suivre leur titre d'Avocat de la mention de ce Barreau.

Cette disposition n'est pas applicable aux Avocats au Conseil d'Etat et à la Cour de Cassation.

Art. 6. — Les Avocats inscrits au Tableau peuvent, excepté dans les cas prévus à l'article 32, exercer leur ministère en conformité des lois et règlements et devant toutes les juridictions, sauf devant le Tribunal des Conflits, le Conseil d'Etat, la Cour de Cassation, la Cour des Comptes et le Conseil des Prises, et ce, sans autorisation et sous la seule obligation, lorsqu'ils se déplacent, de se présenter au Président et au Magistrat du Ministère public tenant l'audience où ils plaident, ainsi qu'au Bâtonnier du Barreau local.

Ils peuvent également, et dans les mêmes conditions, assister leurs clients, ou les représenter s'il y a lieu, dans les mesures d'instruction prescrites par jugement ou par ordonnance.

TITRE II

De l'Organisation et de l'Administration de l'Ordre

Art. 7. — L'Assemblée générale des Avocats de chaque Barreau est composée de tous les Avocats inscrits au Tableau.

Art. 8. — Chaque Barreau est administré par un Conseil de l'Ordre des Avocats dont la composition et les attributions sont déterminées ainsi qu'il suit, et qui est présidé par le Bâtonnier.

ART. 9. — Le Conseil de l'Ordre est composé de cinq Membres dans les Barreaux où le nombre des Avocats inscrits est de six à trente ; de sept, si le nombre des Avocats inscrits est de trente et un à cinquante ; de neuf si ce nombre est de cinquante et un à cent ; de quinze s'il est supérieur à cent ; de vingt-quatre à Paris.

ART. 10. — Les Membres du Conseil de l'Ordre des Avocats exerçant près de chaque Cour ou Tribunal sont élus directement par l'Assemblée générale des Avocats inscrits au Tableau. L'élection est faite au scrutin de liste, à la majorité absolue des suffrages des Membres présents.

ART. 11. — Peuvent seuls être élus Membres du Conseil de l'Ordre, à Paris, les Avocats qui sont inscrits au Tableau depuis dix ans, et, dans les Barreaux des chefs-lieux de Cour d'Appel, ainsi que dans ceux qui comprennent plus de vingt Membres, les Avocats ayant cinq ans d'inscription audit Tableau.

Est inéligible, l'Avocat qui a été privé temporairement, dans les conditions spécifiées à l'article 32, du droit de faire partie du Conseil de l'Ordre.

ART. 12. — Dans les Barreaux où le nombre des Avocats inscrits au Tableau est inférieur à six, les fonctions du Conseil de l'Ordre sont remplies par le Tribunal de première instance.

ART. 13. — Le Bâtonnier de l'Ordre est élu, dans tous les Barreaux, par l'Assemblée générale de l'Ordre, par scrutin séparé, à la majorité absolue des suffrages des Membres présents. Il est procédé à l'élection du Bâtonnier avant celle des Membres du Conseil.

Art. 14. — Les élections générales ont lieu à l'époque et pour le temps fixés par le règlement intérieur de chaque Barreau. Les élections partielles sont faites dans le mois de l'événement qui les rend nécessaires. Toutefois, si cet événement survient pendant les vacances judiciaires ou dans le mois qui les précède, il n'est procédé aux élections qu'après la rentrée judiciaire.

Art. 15. — Les Avocats inscrits au Tableau peuvent déférer les élections à la Cour d'Appel dans le délai de cinq jours à partir desdites élections.

Le procureur général a le même droit dans le délai de quinze jours à partir de la notification qui lui a été faite, par le Bâtonnier, du procès-verbal des élections.

Art. 16. — Les attributions du Conseil de l'Ordre consistent : 1° à statuer sur les difficultés relatives à l'inscription au Tableau des Avocats, sur l'admission au stage des licenciés en droit qui ont prêté serment devant les Cours d'Appel, sur l'inscription au Tableau des Avocats stagiaires après l'accomplissement de leur stage, ainsi que sur l'inscription et sur le rang des Avocats qui, ayant déjà été inscrits au Tableau et ayant abandonné l'exercice de leur profession, se présentent de nouveau pour la reprendre ; 2° à maintenir les principes de modération, de désintéressement et de probité sur lesquels repose l'Ordre des Avocats et à exercer la surveillance que l'honneur et l'intérêt de l'Ordre rendent nécessaire ; 3° à s'occuper de toute question intéressant l'exercice de la profession d'Avocat, notamment en ce qui concerne la défense des droits des Avocats et la stricte observation de leurs devoirs professionnels ; 4° à gérer les biens de l'Ordre, à administrer et à utiliser les ressources de l'Ordre pour assurer les secours attribués aux Membres du Barreau, à leurs veuves ou à leurs enfants, soit par

prestation directe, soit par la constitution d'une caisse
de retraites; 5° à autoriser le Bâtonnier à ester en justice,
à accepter tous dons et legs faits à l'Ordre, à transiger
ou à compromettre, à consentir toutes aliénations ou
hypothèques et à contracter tous emprunts.

ART. 17. — Le Conseil de l'Ordre statue sur la demande
d'inscription au Tableau dans les deux mois à partir de
la réception de ladite demande.

La décision du Conseil de l'Ordre portant refus d'inscription est notifiée à l'intéressé, qui peut la déférer à la
Cour d'Appel dans le délai de deux mois, à partir de
cette notification.

A défaut de notification d'une décision dans le mois
qui suit l'expiration du délai imparti au Conseil de l'Ordre pour statuer, l'intéressé peut considérer sa demande
comme rejetée et se pourvoir ainsi qu'il est dit au paragraphe précédent.

ART. 18. — Le Bâtonnier représente l'Ordre des Avocats dans tous les actes de la vie civile.

Il peut déléguer tout ou partie de ses attributions à un
ou plusieurs Membres du Conseil.

ART. 19. — Dans les Barreaux ne comprenant pas plus
de vingt Avocats inscrits au Tableau, l'Assemblée générale des Avocats délibère sur les questions et dans les
conditions mentionnées à l'article 21.

ART. 20. — Lorsque le Barreau se compose de plus de
vingt Membres, les Avocats inscrits au Tableau sont
répartis en colonnes ou sections.

Il est formé deux colonnes si le nombre des Avocats
inscrits est de plus de vingt et ne dépasse pas cinquante;
quatre, si le nombre est de plus de cinquante et n'est pas
supérieur à cent; de sept à vingt si le Tableau comprend
plus de cent Avocats.

Art. 21. — L'Assemblée générale, dans le cas prévu à l'article 19, et les colonnes 'dans les cas prévus à l'article 20, se réunissent deux fois par année, autant que possible dans les mois de décembre et de mai, sous la présidence du Bâtonnier ou d'un Membre du Conseil de l'Ordre, ou, à leur défaut, du plus ancien des Avocats présents, dans l'ordre du Tableau.

Elles ne peuvent examiner que les questions qui leur sont soumises soit par le Conseil, soit par un de leurs Membres, à la condition qu'il en ait informé le Conseil quinze jours à l'avance.

Les vœux émis dans les colonnes sont transmis au Conseil avec l'indication du nombre de suffrages qu'ils ont réunis.

Le Conseil en délibère dans le délai de trois mois, non compris les vacances judiciaires. En cas de rejet, le Conseil motive sa décision.

Les décisions du Conseil sont portées à la connaissance des plus prochaines réunions de colonnes. Elles sont consignées sur un registre spécial tenu à la disposition de tous les Avocats inscrits.

TITRE III

Du Stage

Art. 22. — Toute personne qui demande son admission au stage d'un Barreau est tenue de fournir au Conseil de l'Ordre : son diplôme de licencié en droit, les pièces justificatives établissant sa qualité de Français et son état civil, ainsi qu'un extrait de son casier judiciaire.

Une enquête sur la moralité du postulant est faite par les soins du Conseil de l'Ordre.

Art. 23. — Les postulants doivent, avant d'être admis au stage, et sur la présentation du Bâtonnier de l'Ordre, prêter, devant la Cour d'Appel, serment en ces termes :

« Je jure de ne rien dire ou publier, comme défenseur ou conseil, de contraire aux lois, aux règlements, aux bonnes mœurs, à la sûreté de l'Etat et à la paix publique et de ne jamais m'écarter du respect dû aux tribunaux et aux autorités publiques. »

Art. 24. — L'admission au stage est prononcée par le Conseil de l'Ordre.

Les dispositions de l'article 17 qui précède sont applicables à la décision portant refus d'admission au stage.

Art. 25. — Les Avocats stagiaires sont inscrits sur une liste du stage d'après la date de leur admission.

Lorsque le nombre des Avocats stagiaires inscrits à un Barreau est supérieur à vingt, ceux-ci sont répartis en colonnes spéciales de stage, présidées par le Bâtonnier ou par un Membre du Conseil de l'Ordre, et dont le nombre et le fonctionnement sont déterminés par le règlement intérieur.

Art. 26. — Le stage comporte nécessairement : 1º l'assiduité aux exercices du stage, organisés, conformément aux dispositions du règlement intérieur de chaque Barreau, soit sous la présidence du Bâtonnier, lorsqu'il n'existe pas de colonnes, soit sous celle des présidents des colonnes ; 2º la participation aux travaux de la conférence du stage dans les Barreaux où elle existe ; 3º la fréquentation des audiences. Il comporte, en outre, autant que possible, le travail, soit dans un cabinet d'avocat, soit dans une étude d'avoué ou de notaire, soit aux parquets des Cours ou Tribunaux, le Conseil de l'Ordre devant prendre les mesures nécessaires pour faciliter l'exécution de cette disposition.

Le licencié en droit admis au stage ne peut prendre le titre d'Avocat qu'en le faisant suivre du mot stagiaire.

L'Avocat stagiaire est autorisé à plaider, sauf pendant le temps où il est inscrit comme clerc sur la liste de stage d'une étude d'avoué ou sur le registre de stage tenu par la Chambre de discipline des notaires.

La durée du stage est de trois années, mais peut, exceptionnellement, à la demande de l'avocat stagiaire, être portée à cinq ans.

Art. 27. — A l'exception du délai de stage, un certificat constatant l'accomplissement dudit stage est délivré, s'il y a lieu, au stagiaire, par le Bâtonnier.

Si le Bâtonnier estime que le stagiaire n'a pas satisfait aux obligations résultant des prescriptions de l'article 26, il peut, après l'avoir entendu, prolonger le stage deux fois d'une année.

A l'expiration de la cinquième année, le certificat est, dans tous les cas, délivré ou refusé.

Le refus de certificat ne peut être prononcé que par une décision motivée du Conseil de l'Ordre.

Cette décision peut être déférée à la Cour d'appel dans les conditions fixées à l'article 17.

Art. 28. — Les avoués, licenciés en droit, qui, après avoir donné leur démission, se présentent pour être admis dans l'Ordre des Avocats, sont soumis au stage. S'ils ont exercé la profession pendant cinq ans, le stage peut être réduit.

Art. 29. — Le stage peut être fait en divers Cours ou Tribunaux, sans qu'il puisse être néanmoins interrompu pendant plus de trois mois.

S'il est effectué devant un ou plusieurs tribunaux de première instance, il ne peut servir ni pour compléter le stage devant une Cour, ni pour obtenir l'inscription au Tableau des Avocats d'une Cour.

Toutefois, les Conseils de l'Ordre des Barreaux établis près les Cours d'appel peuvent accorder une diminution de la durée du stage aux Avocats ayant accompli tout ou partie d'un stage devant un Tribunal de première instance.

ART. 30. — Les Secrétaires de la conférence du stage des Avocats sont désignés par le Conseil de l'Ordre parmi les Avocats stagiaires à la suite d'un concours auquel ne peuvent prendre part ceux qui ont été frappés d'une peine disciplinaire.

TITRE IV

De la Discipline

ART. 31. — Le Conseil de l'Ordre, siégeant comme Conseil de discipline, poursuit et réprime, d'office ou sur les plaintes qui lui sont adressées, les infractions et les fautes commises par les Avocats inscrits au Tableau des Avocats ou sur la liste du stage. Il applique, s'il y a lieu, les peines disciplinaires édictées par l'article 32 ci-après.

ART. 32. — Les peines disciplinaires sont :

L'avertissement ;

La réprimande ;

L'interdiction temporaire, laquelle ne peut excéder une année ;

La radiation du Tableau des Avocats ou de la liste du stage.

L'avertissement, la réprimande et l'interdiction temporaire peuvent comporter, en outre, la privation, par la décision qui prononce la peine disciplinaire, du droit de faire partie du Conseil de l'Ordre pendant une durée n'excédant pas dix ans.

L'Avocat radié ne peut se faire inscrire au tableau ou au stage d'aucune juridiction dans le ressort de la Cour d'Appel où il exerçait sa profession.

Lorsqu'il est inscrit à un autre Barreau, il ne peut exercer son ministère que dans le ressort de la juridiction près de laquelle ce Barreau est établi.

L'admission au tableau ou au stage d'un Avocat anciennement rayé est portée, dans les trois jours, à la connaissance du Ministère public, qui a deux mois pour interjeter appel.

Art. 33. — Aucune peine disciplinaire ne peut être prononcée sans que l'Avocat inculpé ait été entendu, ou appelé, avec délai de huitaine.

Art. 34. — Dans les Barreaux où les fonctions du Conseil de discipline sont exercées par le tribunal, celui-ci ne peut prononcer une peine disciplinaire qu'après avoir pris l'avis écrit du Bâtonnier.

Art. 35. — Toute décision du Conseil de discipline est notifiée, par le Bâtonnier, à l'Avocat qui en a été l'objet, dans les dix jours de sa date.

Les décisions du même Conseil comportant interdiction temporaire ou radiation sont transmises, dans les trois jours, au Procureur Général, qui en assure et en surveille l'exécution.

Art. 36. — Le Procureur Général peut, quand il le juge nécessaire, requérir qu'il lui soit délivré une expédition des décisions comportant avertissement ou réprimande.

Il peut également demander une expédition de toute décision par laquelle le Conseil de discipline a prononcé l'absolution de l'Avocat inculpé.

Art. 37. — Si la décision disciplinaire est rendue par défaut, l'Avocat condamné peut former opposition, dans le délai de cinq jours à dater de la notification à personne de la décision, et, si la notification n'est pas faite à personne, dans les trente jours de la notification de cette décision.

L'opposition est reçue par simple déclaration au Secrétariat de l'Ordre, qui en délivre récépissé.

Art. 38. — Lorsque la décision prononçant l'avertissement ou la réprimande a, en outre, privé l'Avocat qui en a été l'objet du droit de faire partie du Conseil de l'Ordre, et dans les cas d'interdiction temporaire ou de radiation, l'Avocat condamné peut interjeter appel devant la Cour d'appel du ressort.

Le droit d'appeler des décisions rendues par les Conseils de discipline appartient, dans tous les cas, aux Procureurs Généraux.

Art. 39. — L'appel, soit du Procureur Général, soit de l'Avocat condamné, n'est recevable qu'autant qu'il a été formé dans les dix jours de la notification qui leur a été faite, par le Bâtonnier, de la décision du Conseil de discipline. Toutefois, en cas de décision par défaut, ce délai ne court qu'à compter de l'expiration des délais d'opposition.

Art. 40. — Les Cours d'appel statuent sur la peine en assemblée générale et dans la Chambre du Conseil. A la Cour de Paris, l'appel est porté devant une assemblée composée des trois premières chambres.

Art. 41. — Tout manquement, de la part d'un Avocat, dans ses plaidoiries ou dans ses écrits, aux obligations que lui impose le serment professionnel auquel il est astreint, en exécution de l'article 23, est réprimé immédiatement, sur les conclusions du Ministère public, par le Tribunal saisi de l'affaire, lequel prononce l'une des peines prévues à l'article 32.

ART. 42. — Il n'est point dérogé, par les dispositions qui précèdent, au droit qu'ont les tribunaux de réprimer les fautes commises, à leur audience, par les Avocats.

ART. 43. — L'exercice du droit de discipline ne met point obstacle aux poursuites que le Ministère public ou les parties civiles se croient fondés à intenter devant les tribunaux pour la répression des actes constituant des délits ou des crimes.

TITRE V

Dispositions générales et transitoires

ART. 44. — L'Avocat régulièrement nommé d'office par le Bâtonnier ou par le Président de la Cour d'assises ne peut refuser son ministère sans faire approuver ses motifs d'excuse ou d'empêchement par le Bâtonnier ou par le Président. En cas de non-approbation, et si l'Avocat persiste dans son refus, le Conseil de discipline prononce l'une des peines indiquées à l'article 32 ci-dessus.

ART. 45. — La profession d'Avocat est incompatible avec toutes les fonctions de l'ordre judiciaire, à l'exception de celle de suppléant non rétribué, avec les fonctions de préfet, de sous-préfet et de secrétaire général de préfecture, avec celles de greffier, de notaire et d'avoué, avec les emplois à gages et ceux d'agent comptable, avec toute

espèce de négoce. En sont exclues toutes personnes exerçant la profession d'agent d'affaires ou dont le conjoint
exerce cette profession.

Art. 46. — Chaque Barreau doit, dans les six mois de
la publication du présent décret, arrêter les dispositions
de son règlement intérieur, dont copie est transmise au
Premier Président de la Cour d'appel, au Procureur Général, au président du Tribunal et à chacun des Avocats
inscrits au tableau ou stagiaires.

Le Procureur Général est en droit, quand il le juge
utile, de déférer ces règlements intérieurs à la Cour
d'Appel, qui peut, après audition du Bâtonnier, annuler
celles de leurs dispositions qui sont contraires à la loi.

Une copie du règlement intérieur est déposée au greffe
de chaque juridiction auprès de laquelle est établi un
Barreau et tenue à la disposition de tout intéressé.

Art. 47. — Le titre d'Avocat honoraire peut être conféré par le Conseil de l'Ordre aux Avocats qui ont été
inscrits au tableau pendant trente ans et qui ont donné
leur démission.

Les Avocats honoraires restent soumis à la juridiction
disciplinaire du Conseil de l'Ordre.

Leurs droits et leurs devoirs sont déterminés par le
règlement intérieur.

Art. 48. — Les ordonnances du 20 novembre 1882 et
du 27 août 1930 et les décrets du 22 mars 1852 et du 10
mars 1870 sont abrogés, ainsi que toutes les dispositions
contraires au présent décret.

Art. 49. — Par dérogation à l'article 5, paragraphe
premier, et à titre transitoire, les licenciés en droit ayant
prêté serment et non inscrits au barreau d'une Cour
d'Appel ou d'un Tribunal de première instance, qui,
antérieurement à la date de la publication du présent

décret, auront pris habituellement le titre d'Avocat pourront conserver cette dénomination.

Toutefois, ne bénéficieront pas de la disposition exceptionnelle qui précède ceux qui auront été rayés, par mesure disciplinaire, du tableau des Avocats à un Barreau et les anciens officiers ministériels destitués.

ART. 50. — Par dérogation à l'article 9, le nombre des Membres du Conseil de l'Ordre sera, à Paris, pour l'année judiciaire 1920-1921, de vingt-deux.

A titre exceptionnel, et par dérogation au même article, pendant les cinq années judiciaires qui suivront la date de la publication du présent décret, les Conseils de l'Ordre seront composés de trois Membres dans les Barreaux où le nombre des Avocats inscrits était au moins égal à six avant le 2 août 1914 et où ce nombre se trouve réduit à cinq ou à quatre, par suite du décès d'Avocats morts pour la France, au cours de la guerre.

Pendant ladite période de cinq années, il ne sera pas fait application aux Barreaux mentionnés au paragraphe qui précède de la disposition de l'article 12 ci-dessus.

ART. 51. — La disposition de l'article 26, paragraphe 2, n'est pas applicable aux avocats stagiaires déjà admis au stage à la date de la publication du présent décret.

REGLEMENT INTÉRIEUR

DE

l'Ordre des Avocats à la Cour d'Appel de Montpellier

arrêté par délibération

du Conseil de l'Ordre du 15 Décembre 1920

DISPOSITION GÉNÉRALE

L'Ordre des Avocats à la Cour d'Appel de Montpellier est régi par le décret du 20 juin 1920.

Tous les usages observés par ce Barreau relativement aux droits et aux devoirs de ses Membres dans l'exercice de leur profession sont et demeurent maintenus en tant qu'ils n'ont rien de contraire aux dispositions dudit décret.

TITRE PREMIER

Tableau de l'Ordre

ARTICLE PREMIER. — L'Avocat du Barreau de Montpellier doit exercer réellement sa profession. Pour assurer cet exercice, il doit être inscrit au tableau et avoir son domicile dans la ville, ou tout au moins dans l'arrondissement de Montpellier.

Il est soumis aux règles du Barreau de Montpellier,

telles qu'elles résultent des lois, décrets, traditions et usages professionnels.

ART. 2. — Les Avocats remplissant les conditions fixées à l'article premier prendront le titre d'Avocats à la Cour d'Appel de Montpellier.

ART. 3. — L'Ordre étant maître de son tableau, le Conseil de l'Ordre détermine le rang d'inscription.

En principe, l'inscription sera faite suivant l'ancienneté, sous la réserve du droit pour le Conseil de prendre des décisions spéciales conformes aux traditions suivies jusqu'à ce jour, en ce qui concerne notamment les anciens magistrats et les avocats qui, ayant été antérieurement inscrits sur le tableau ou ayant figuré sur les feuilles du stage, sollicitent leur réinscription, ainsi que pour tous autres cas qui pourraient se présenter.

Les stagiaires qui ont accompli toutes les conditions du stage seront inscrits au tableau à la date qui sera fixée par décision du Conseil.

Leur inscription sera faite d'office, à moins de demande contraire de leur part.

ART. 4. — L'Avocat du Barreau de Montpellier peut exercer son ministère devant toutes les juridictions, sauf les prohibitions édictées par les lois.

Il doit se présenter à la barre en robe.

Lorsqu'il se déplace, il doit rendre visite au Bâtonnier du Barreau local, au Président et au Magistrat du Ministère public tenant l'audience où il doit plaider. Il convient que, dans la mesure du possible, il rende également visite à l'Avocat de la partie adverse.

ART. 5. — Dans toutes les mesures d'instruction prescrites par jugement ou par ordonnance en matière civile, commerciale, pénale ou administrative, l'Avocat peut assister son client.

Il peut le représenter dans tous les cas où la loi ne le lui interdit pas, mais il ne doit pas oublier que le droit de représentation lui est accordé à raison de son titre et a pour unique objet de lui faciliter l'accès du prétoire.

Il ne doit jamais accepter aucune élection de domicile. Il doit s'abstenir de tout mandat autre que celui qui lui est conféré par les lois en vigueur, et de toutes procurations quelconques. Il lui est interdit de s'immiscer dans tous règlements pécuniaires. Il ne doit signer de conclusions que dans les cas où la loi l'y autorise. Il ne doit jamais transiger devant un magistrat conciliateur hors la présence de son client ou sans avoir reçu de lui des déclarations précises et signées. Il ne peut faire ou accepter des offres qu'à la double condition qu'il se soit assuré du consentement écrit de son client et que la réalisation de ces offres ne comporte à aucun moment de sa part ni réception, ni détention, ni versement de fonds. Toute participation à l'exécution des décisions de justice et aux opérations de faillite et de liquidation lui est interdite.

TITRE II

Organisation de l'Ordre

Art. 6. — Les élections générales faites en conformité des articles 7-14 du décret du 20 juin 1920 ont lieu avant la fin de l'année judiciaire, à la date fixée par le Conseil.

Le Bâtonnier et les Membres du Conseil sont élus pour un an.

L'élection du Bâtonnier précède celle des Membres du Conseil. Il ne sera procédé aux élections partielles qu'en cas de vacances excédant le tiers du nombre réglementaire des Membres du Conseil.

Toutefois, en cas de vacance du Bâtonnat, il sera toujours pourvu à l'élection d'un nouveau Bâtonnier.

Les élections partielles des Membres du Conseil ou celle d'un Bâtonnier nouveau, quand il y aura lieu, seront faites dans le mois de l'événement qui les rendra nécessaires. Toutefois, si cet événement survient pendant les vacances judiciaires ou dans le mois qui les précède, il n'est procédé aux élections qu'après la rentrée judiciaire.

Les élections partielles pour le Conseil et l'élection du Bâtonnier en cours d'exercice n'auront effet que pour la période restant à courir jusqu'à la fin de l'année judiciaire.

TITRE III

Du Stage

ART. 7. — Toute personne qui demande son admission au stage devra déposer au secrétariat de l'Ordre son diplôme de licencié en droit, revêtu du visa de M. le Procureur général et de la mention de la prestation de serment, les pièces justificatives de sa qualité de Français et de son état civil, ainsi qu'un extrait de son casier judiciaire, et les justifications de sa résidence dans l'arrondissement de Montpellier.

Le Bâtonnier désignera l'un des Membres du Conseil pour faire une enquête sur la moralité du postulant et rechercher s'il remplit les conditions requises pour être admis au stage.

ART. 8. — Le Conseil statuera sur les conclusions du rapporteur.

L'admission au stage sera prononcée par le Conseil. Si la demande est rejetée, la décision sera notifiée à l'intéressé dans la forme prescrite par l'article 17 du décret du 20 juin 1920.

Art. 9. — Les Avocats stagiaires sont inscrits sur la liste du stage d'après la date de leur admission.

Art. 10. — La conférence du stage se réunit tous les jours et heures fixés par le Bâtonnier.

Elle est présidée par le Bâtonnier ou par un Membre du Conseil délégué par lui et discute les questions portées à l'ordre du jour.

La présence des stagiaires à la conférence est obligatoire, sauf dispense accordée par le Bâtonnier. Les absences prolongées, sans excuse valable, pourront donner lieu soit à une prolongation du stage, soit au refus du certificat visé à l'article 27 du décret.

Art. 11. — L'Avocat stagiaire devra fréquenter les audiences.

Art. 12. — Il est recommandé aux stagiaires de collaborer avec un ancien pour acquérir la connaissance des affaires.

Art. 13. — L'Avocat stagiaire pourra être inscrit en qualité d'attaché aux divers parquets.

Art. 14. — L'Avocat stagiaire pourra se faire inscrire en qualité de clerc sur la liste du stage d'une étude d'avoué ou de notaire; il devra en aviser le Bâtonnier et ne pourra plaider pendant la durée de cette inscription.

Art. 15. — Le stage est suspendu par décision du Conseil pendant la durée du service militaire; le temps de cette suspension n'entre pas en compte pour le calcul de la durée du stage.

Art. 16. — Le licencié en droit admis au stage prend le titre d'Avocat stagiaire à la Cour d'Appel de Montpellier. Par mesure transitoire, les Avocats admis au stage antérieurement au 22 juin 1920 prendront le titre d'Avocats à la Cour d'Appel de Montpellier.

Art. 17. — La durée du stage est de trois années, mais peut exceptionnellement, à la demande de l'Avocat stagiaire, être portée à cinq ans.

A l'expiration du délai de stage, un certificat constatant son accomplissement est délivré, s'il y a lieu, par le Bâtonnier.

Si le Bâtonnier estime que le stagiaire n'a pas satisfait aux obligations qui lui sont imposées, il peut, après l'avoir entendu, prolonger le stage deux fois d'une année.

A l'expiration de la cinquième année, le certificat est, dans tous les cas, délivré ou refusé.

Le refus du certificat est prononcé par un décision motivée du Conseil de l'Ordre.

Cette décision peut être déférée à la Cour d'Appel dans les conditions fixées par l'article 39 du décret du 20 juin 1920.

Art. 18. — Les Secrétaires de la Conférence du stage sont désignés par le Conseil de l'Ordre sur la proposition du Bâtonnier, à la suite d'un concours auquel ne peuvent prendre part les stagiaires qui ont été frappés d'une peine disciplinaire.

Ils assistent le Bâtonnier aux réunions de la Conférence.

TITRE IV
Discipline

Art. 19. — Le Conseil de l'Ordre, siégeant comme Conseil de discipline, a juridiction sur les Avocats inscrits au tableau ou au stage et sur les Avocats admis à l'honorariat.

Il prononce les peines disciplinaires édictées par les articles 32 et suivants du décret du 20 juin 1920.

ART. 20. — Les décisions rendues par défaut ne seront portées à la connaissance de M. le Procureur général qu'à l'expiration des délais d'opposition visés par l'article 37. Ces délais sont de cinq jours en cas de notification à personne et de trente jours si la notification n'est pas faite à personne.

ART. 21. — Dans le cas où, par application des articles 41 et 42 du décret, un Avocat serait menacé à l'audience des réquisitions du Ministère public, sa défense doit être assurée.

A cet effet, le Bâtonnier devra immédiatement être prévenu de l'incident, soit par l'Avocat lui-même, soit par le confrère le plus ancien présent à la barre.

DISPOSITIONS GÉNÉRALES

ART. 22. — L'Avocat est tenu d'observer scrupuleusement tous les devoirs que lui imposent les règles et traditions professionnelles, envers les magistrats, envers ses confrères, envers ses clients.

ART. 23. — L'Avocat commis d'office ou désigné pour l'assistance judiciaire ne peut refuser son ministère sans faire approuver ses motifs d'excuse par le Bâtonnier. Il en est de même au cas où il serait empêché postérieurement; il ne peut se faire suppléer que par un confrère dont il devra, au préalable, demander la désignation au Bâtonnier.

Au cas où un Avocat a été commis d'office ou désigné pour l'assistance judiciaire, aucun confrère ne peut, même sur la demande expresse des intéressés, se substituer à lui sans lui en avoir référé et sans avoir obtenu l'assentiment du Bâtonnier.

L'Avocat commis d'office ou désigné pour l'assistance judiciaire n'a pas le droit de demander un honoraire; il ne peut, même en cas d'offre spontanée, en accepter qu'après en avoir référé au Bâtonnier, qui appréciera.

Art. 24. — L'Avocat qui reçoit l'offre d'une clientèle ou d'un dossier doit, lorsqu'il sait qu'un de ses confrères a été préalablement chargé des intérêts dont la défense lui est proposée, s'assurer que son client s'est mis en règle avec ce confrère.

Un honoraire est acquis à l'Avocat chargé par un client de l'étude d'une affaire, alors même que le dossier lui est retiré avant plaidoirie.

Art. 25. — L'Avocat ne doit jamais, sous aucune forme, même indirecte, poursuivre en justice le paiement de ses honoraires.

Il lui est interdit de se faire consentir ou d'accepter des reconnaissances ou bons d'honoraires.

Art. 26. — Il ne doit accepter aucun rapport direct, même par lettre, avec l'adversaire de son client, sauf circonstances tout à fait exceptionnelles, et toujours avec l'assentiment de son client.

Art. 27. — Il lui est interdit de se compromettre dans la recherche des affaires.

Art. 28. — Il ne doit entretenir avec un prévenu ou un condamné que les relations strictement nécessaires pour assurer sa défense.

Art. 29. — L'article 45 du décret du 20 juin 1920, relatif aux incompatibilités, n'étant que la reproduction de l'article 42 de l'ordonnance de 1822, n'est pas, non plus, limitatif. Il ne modifie pas la jurisprudence du Conseil.

C'est ainsi, notamment, que l'exercice de la profession reste incompatible avec toute occupation de nature à porter atteinte à l'indépendance ou à la dignité de l'Avocat, avec tout emploi à gages, toute espèce de négoce, avec tout mandat, à l'exception du mandat de famille.

ART. 30. — L'Avocat doit payer une cotisation dont le chiffre est fixé par le Conseil de l'Ordre.

ART. 31. — Tout Avocat qui change de résidence doit en aviser le Bâtonnier.

ART. 32. — *Honorariat.* — Le titre d'Avocat honoraire peut être conféré par le Conseil de l'Ordre aux Avocats qui ont été inscrits au tableau pendant trente ans et qui ont donné volontairement leur démission.

Il ne sera statué que sur demande écrite dans laquelle le postulant exposera les motifs de sa requête en indiquant quelles sont ou doivent être ses occupations.

Le postulant devra s'engager à ne rien faire qui puisse porter atteinte à son honorabilité personnelle ou à la dignité de la profession qu'il a exercée.

Il s'engagera à ne faire aucun acte rentrant dans la profession d'avocat, y compris la consultation.

L'honorariat ne pourra être refusé sans que le demandeur ait été entendu, ou appelé avec délai de huitaine, et sous réserve du droit d'appel.

Sont exclus du bénéfice de ces dispositions ceux qui exerceront ou qui, depuis leur démission, ont exercé l'agence d'affaires.

L'Avocat honoraire peut prendre part aux réunions et aux cérémonies de l'Ordre, à l'exception des Assemblées générales convoquées en vue des élections du Bâtonnier et des Membres du Conseil.

Il peut revêtir en ces occasions, s'il y a lieu, le costume d'Avocat.

Il a droit d'accès à la Bibliothèque.

Il est astreint au paiement d'une cotisation dont le paiement est fixé par décision du Conseil.

L'Avocat honoraire est soumis à la juridiction disciplinaire du Conseil de l'Ordre.

ART. 33. — *Carte d'identité.* — Une carte d'identité sera délivrée aux Avocats inscrits, honoraires et stagiaires du Barreau de Montpellier.

Cette carte, visée par le Bâtonnier, devra porter la photographie du titulaire, sa signature, ainsi que le millésime de l'année.

Le coût de la carte sera perçu lors de sa délivrance.

En cas de démission ou de radiation, la carte sera retirée ; en cas de suspension, la carte devra être déposée au Secrétariat pour le temps de la suspension.

Le présent Règlement a été arrêté par le Conseil de l'Ordre des Avocats à la Cour d'Appel de Montpellier, suivant délibération du 15 décembre 1920.

POUR COPIE CONFORME :

Le Bâtonnier,
Jules ALMES.

Le Secrétaire,
Jean GUIBAL.

MONTPELLIER. — IMP. EMMANUEL MONTANE